L'autobus de la pluie
(poèmes 1973-1986)

Du même auteur

Le Nickel Strange, roman, Montréal, Trait d'union, 2000.

Prendre la parole. Le journal de bord du grand CANO, essai, Hearst (Ontario), Le Nordir, 1996.

Souvenir de Daniel, nouvelle, Hearst (Ontario), Le Nordir, 1995.

La Veuve rouge, poésie, Sudbury, Prise de parole, 1986.

Souvenances, poésie, Sudbury, Prise de parole, 1979.

En attendant, poésie, Sudbury, Prise de parole, 1976.

Apprentissage dans *Lignes-Signes,* collectif de poésie, Sudbury, Prise de parole, 1973.

AUTRES PUBLICATIONS

«Dimanche après-midi», *Liaison,* n° 107 (été 2000), p. 7.

«Rite de passage», *Liaison,* n° 102 (mai 1999), p. 20-21.

«Les portes de l'enfer. L'Œuvre de chair et d'esprit», mémoire de maîtrise, université du Québec à Montréal, 1999.

«Quand les chiffres parlent une langue inconnue des artistes», *Liaison,* n° 46 (mars 1988), p. 17-19.

«Moé je viens de où», *Liaison,* n° 27 (été 1983), p. 12-17.

«Genèse: De l'édition francophone en Ontario», *Revue du Nouvel-Ontario,* n° 2, *Littérature sudburoise. Prise de parole 1972-1982,* Sudbury, Institut franco-ontarien, (1982), p. 1-20.

«Le matin de ton souvenir», poème dans *Au nord du silence,* collectif de poésie, Sudbury, Prise de parole, 1975, p. 12.

Gaston Tremblay

L'autobus de la pluie
(poèmes 1973-1986)

Apprentissage

suivi de

En attendant

suivi de

Souvenances

suivi de

La Veuve rouge

Poésie

Prise de parole
Sudbury
2001

Données de catalogage avant publication (Canada)
Tremblay, Gaston, 1949 30 août-
　　　L'autobus de la pluie: (poèmes 1973-1986)

DB# 167 9974

Réédition des recueils En attendant, Souvenances et La veuve rouge
et la poésie de l'auteur, publié en Lignes signes.
Comprend des réf. bibliog.
ISBN 2-89423-122-9

I. Titre.

PS8589.R395A97　　2001　　　　　C841'.54　　　　C2001-930368-8
PQ3919.2.T73A97　　2001

Distributeur au Québec:

PRISE
DE
PAROLE

Diffusion Prologue
1650, boul. Lionel-Bertrand
Boisbriand (QC) J7H 1N7
(450) 434-0306

Prise de parole se veut animatrice des arts littéraires en
Ontario français; elle se met donc au service des
créatrices et créateurs littéraires franco-ontariens.

La maison bénéficie de l'appui financier du Conseil des
Arts de l'Ontario, du Conseil des Arts du Canada, de
Patrimoine Canada (Programme d'appui aux langues
officielles et Programme d'aide à l'industrie de l'édition)
et de la Ville de Sudbury.

Conception et photos de la couverture: André Tremblay

PS
8589
,R444
A97
2001

Copyright © Ottawa, 2001
Éditions Prise de parole
C.P. 550, Sudbury (On) Canada P3E 4R2

ISBN 2-89423-122-9

Avant-propos

J'ai rencontré Gaston Tremblay pour la première fois à Sudbury, à la fin des années 1970. Depuis, j'ai appris à connaître le cofondateur des Éditions Prise de parole, l'éditeur, l'animateur et ami des auteurs, le gestionnaire, le patron, le père, le romancier et le poète. Surtout le poète. Car la poésie a toujours éveillé ses sens.

D'une part, il a été un de mes premiers lecteurs critiques. D'autre part, il m'a ouvert un monde que je connaissais peu. Comment oublier, par exemple, cette soirée d'hiver où il m'avait invité chez lui pour prendre un verre avec Roland Giguère, Michel Beaulieu, Laure Hesbois et Robert Dickson? À l'époque, j'étais étudiant et j'écrivais un peu. Au cours de nos rencontres, nous parlions souvent de poésie, du rôle primordial qu'elle avait joué dans cette effervescence (cette révolution sereine) du début des années 1970 qu'avait connue l'Ontario français. J'ai fini par comprendre que cette époque a toujours été au cœur de ses préoccupations, qu'elle a été le moteur d'une œuvre qui obéit aux étapes d'une passion et d'une révolte.

Des premiers balbutiements publiés dans Lignes-Signes (1973) à La Veuve rouge (1986), en passant par En attendant (1976) et Souvenances (1979), Gaston observe le monde et les gens qui *l'entourent, les événements qui l'habitent, le hantent, le nourrissent.*

Les textes regroupés dans L'Autobus de la pluie *témoignent de treize ans d'écriture poétique (1973-1986), de la sensibilité d'un homme qui se cherche, qui cherche un sens au temps et aux gens qui passent, à l'instant sans cesse renouvelé.*

Dans cette poésie des plus intimes, rien de gratuit. Qu'il s'agisse des premiers poèmes écrits alors qu'il étudiait à l'Université Laurentienne ou des recueils subséquents, qu'il s'agisse de bonheur(s) ou de souffrance(s), l'économie des «signes» confère une puissance évocatrice qui est toujours en harmonie avec les sentiments éprouvés, l'expérience vécue, les «remous de [la] mémoire». Même le silence (notre silence?) est inextricablement lié à ce dire. Tantôt il gêne, tantôt il provoque, participant au rythme, à l'élan d'une parole qui a marqué l'imaginaire d'une génération.

Ceux et celles qui connaissent Gaston savent qu'il retravaille inlassablement ses textes (et qu'il conserve tous ses brouillons). C'est de là je crois (par processus d'épuration), «à coups de voyelles/ d'images/de rêveries (...)» que naît cette parole profondément enracinée à la fois dans «l'ici et maintenant» de sa terre natale et dans l'universel.

Une date me revient. Le 23 décembre 1983, Gaston m'offrait un exemplaire de Lettres à un jeune poète *de Rainer Maria Rilke. En ouvrant ce livre, j'ai trouvé la dédicace suivante: «Parce qu'il a compris la valeur de l'hallucination volontaire.» Je n'ai jamais oublié ce bout de phrase de Gaston.*

Au fil des années, j'ai lu et relu, maintes et maintes fois, ses poèmes empreints de tragédie et d'amour, d'espoir, de solitude et d'hésitations qu'il manipule à son gré. Pour moi, sa poésie possède le souffle généreux d'une saison peuplée d'ombre et de lumière. Pour moi, il s'agit d'une quête qui mène invariablement à une meilleure compréhension de l'homme, du monde et des rêves, de ce qui a été et de ce qui est.

«[…] s'exprimer en un geste beau, irréfutable et nécessaire.» Voilà ce qu'écrivait Fernand Dorais, il y a presque trente ans, dans Lignes-Signes. *Aujourd'hui encore, j'entends l'écho de cette voix, de cet «instrument» poétique essentiel qui demeure fidèle au parcours de son auteur.*

Michel Dallaire
janvier 2001

En guise de...

La préface de Lignes-Signes

*Quelques jeunes universitaires, Nord-Ontariens et
— qui mieux est — Francophones, décidèrent un
jour faste, jour plus que récent, de créer un
recueil de poésie... Quelle obscure force, têtue et
acharnée, les fit passer à l'Acte de la Parole, voire
au geste poïétique?*

Comprirent-ils, lointamment:
— que «ce qui n'est pas exprimé n'existe pas»?
— qu'il n'y a de culture que vivante: culture en
lab', *culture esthétisante, culture cérébrale et
précieuse, n'existent qu'aliénées, entendons*
radicalement *artificielles, donc faussées et déjà
mortes-nées, avortées?*
— qu'il n'y a de culture qu'enracinée: en
«situation», *au sens profond de ce mot désormais
sartrien (toute lecture, toute interprétation
d'ailleurs n'est et ne peut être qu'en situation,
Gadamer l'aura définitivement rappelé)?*
*— que, dès lors, pour créer, il se faut désirer en
continuation avec un milieu, une ethnie et
l'accumulation séculaire d'expériences qui se
prolongent, quoi qu'on en veuille, dans une
structure bio-psychique caractérisée?*
*— que se déraciner pour s'exprimer —
l'hémorragie francophone nord-ontarienne! —*

demeure se trahir, soi-même d'abord?

— qu'on peut vouloir mourir, et chérir une agonie, mais qu'on en a rarement le droit? Trahir un peuple séculaire trop longtemps privé de paroles; trahir les siens, anciens, qui furent trop humiliés, bafoués et reniés; trahir ceux qui sont morts la bouche déjà sombre d'un impuissant silence; trahir, déserter un fait en agonie; trahir ainsi, dis-je, ne sera jamais garantie d'une créativité, saine et neuve, future. Que si l'on a voulu déserter les derniers combats, si l'on aura opté pour l'exil, — l'exil de soi-même — quelle victoire à venir nous sera jamais possible? C'est ici, c'est maintenant, c'est soi d'abord, que l'on vainc — du moins m'aura-t-il toujours paru.

Ils comprirent peut-être autre chose:

— qu'importent peu ces termes surannés de nos défuntes idéologies: fierté, patriotisme, survivance, combats pour..., victoires!

— Ce langage n'appartiendrait plus à de jeunes adultes, soucieux d'autres et nouvelles réalités, désireux d'inédits styles de la vie. De la «guerre, yes sir!», leurs tympans à peine formés furent par trop rebattus pour qu'ils y croient: on ne croit plus en la guerre...

— qu'il faut s'exprimer en un geste beau, irréfutable et nécessaire, et que le reste sera donné par surcroît. La naissance d'une identité s'opère dans la gratuité de l'éblouissance du Verbe.

— que le premier Mot est toujours poème, poïétique. Le Poème de tous temps a toujours déployé une première conscience: originale.

— et qu'enfin, en naissant à eux-mêmes, plus et mieux qu'une survivance était assurée à ceux qui, privés du geste de la Parole de soi créatrice et promotrice, en ces nouvelles forces se poursuivent

et se voient délivrés du poids d'une sempiternelle honte: culpabilité, déchéance, humiliation. En ces énergies renaissantes, les «vieux», de tous nos cimetières de campagne, reprennent vie et ressuscitent enfin tels qu'en eux-mêmes au fond toujours ils furent: des Nomades, époux du Chant de la fécondité de la Terre, des Poètes folkloristes. Rien ne meurt. Rien — jamais — ne se perdra qui naguère encore s'appela ressentiment d'une fierté, volonté de racines de perdurer, impératif du droit des nations.

Ils comprirent surtout pour eux-mêmes:

— qu'un secret, une nostalgie, les habitait, qu'ils pourraient mourir de ne nommer point. On expire toujours de ce qui en nous resta inédit. Aussi ne doit-on mourir que de soi-même expiré.

— que péniblement, longuement et lentement, malgré incorrections, échecs, toujours relatifs, maladresses hésitantes, tâtonnantes qui se cherchent et trouvent presque chance de se trouver, ils allaient en déroulant des LIGNES enfin fonder et imposer des SIGNES: le Sens, un sens, le leur!

Poésie et Pays coïncident ici dans une Naissance, dont seul Demain pourra dire, peut-être pas la gloire, du moins la grandeur.

Salut et libations et trophées aux poètes. J'ai grande joie et faim immédiate de leur abécédaire. Et de l'abécédaire de l'Aube de Notre Nom.

Fernand Dorais
1973

APPRENTISSAGE

«Le tout est de tout dire et je manque de mots.»
Paul Éluard

Apprentissage dans le collectif *Lignes-Signes*, Éditions Prise de parole, 1973.

Lignes-Signes, qui date de 1973, est le recueil de fin d'année des étudiants de l'Université Laurentienne qui participaient à l'atelier de poésie animé par Fernand Dorais. Les autres poètes de ce collectif sont Denis St-Jules, Placide Gaboury et Jean Lalonde.

Ce fut pour l'auteur l'occasion de lancer sa carrière littéraire, de participer à la fondation des Éditions Prise de parole et, par la suite, à la littérature franco-ontarienne.

De là l'importance du texte liminaire qui précède. En effet, *En guise de...,* du professeur Fernand Dorais, est une invitation au voyage que seule la suite de l'histoire explique. Nous le remercions de la permission de publication qu'il nous a accordée.

Les textes de ce recueil sont reproduits tel qu'ils ont été publiés sauf pour quelques coquilles qui ont été corrigées. De plus, l'auteur a cru bon de revoir la ponctuation.

La maquette de la couverture de *Lignes-Signes* est de Denis St-Jules et de Gaston Tremblay, qui étaient alors respectivement étudiants en traduction et en lettres.

Dissolutions

Quand mes sens se réveillent
le salon me berce.

Dissolution!

Mille micro-points colorés
criblent mes yeux
les mille facettes
de l'œil insecte.

Les sons m'assaillent!

Un air guerrier,
clair et distinct
de leur silence.
Mon pouce frémit
de mon index gêné
de l'égorgé de mon anneau
la saleté rampe
s'échappe de mes ongles
remonte mes doigts
ma main nerveuse
tombe et retombe
devant la tranquillité mouvante
et les ombres déchaînées
se dessinent sur mes murs
quand ma main
le bois du tambour
bat la démarche
de mes doigts militaires
l'aigle s'envole!
Des bleutés bleues
et la tête rougie
soleil, soleil!

Jaunisse!
L'éternel amoureux
équatorial.
Palpe tâte
lèche et lave
de sa longue langue
sa douce terre
qu'il pousse
sur la vague
houle des vents
sur la plage
décharge
l'écume
du gouffre nocturne
parois d'un palais sablé
la langue assèche
la suce, la tire.
RESSAC …!
Ma langue palpe
le mucus visqueux
gris morveux
qui s'échappe
et retourne à la mer.

Vagissements

Un soleil et un nuage
assis sur un orme
une colline ronde
et l'arbre qui tète
motion continuelle, les feuilles
le vent aux cheveux aux herbages aux foins
je grimpe, je monte
je rampe!

La couleuvre dans l'herbe
sorcellerie sinueuse.

L'arbre tète
et je creuse ma tombe
entre les herbages.

Je marcherai, nu, défiant le vent
l'escapade rose-violet!

Le ciel! au ciel, le soleil
le nuage… je flotte
au haut de la colline.

Les racines pourpres d'un arbre sucent
les lèvres du vent m'emportent
l'azur me dépeint

et je vomirai!

Du fond de mes entrailles
s'élèvera l'éternel râle
et je chanterai une ode
une suite pourrie
de vers blancs.

Un refrain de soleil.

Mes cheveux
fous dans le vent
l'eau ruisseau bleu
en défi la tête haute
je crierai:

SOLEIL! SOLEIL! soleil…
tu m'aveugles!

Verdure
l'azur, jaune, l'herbe
le vent bleu
chair de poule
SOL
le sol
Soleil
arbre
allégé j'irai à sa rencontre.

Concentré

Du coin de l'œil
un regard avide
s'échappe.
Les feuilles la retiennent
une joue la pleure
papillon de l'automne
l'unique envolée
du coin de l'œil
l'avidité du regard
s'écoule en larmes amères!

«Je me souviens de cet instant plein de joie et de trouble où je sentis pour la première fois ma singulière existence; je ne savais ce que j'étais, où j'étais, d'où je venais. J'ouvris les yeux; quel surcroît de sensation! […] la lumière, la voûte céleste, la verdure de la terre, ce cristal des eaux, tout m'occupait, m'aimait, et me donnait un sentiment inexprimable de plaisir. Je crus d'abord que tous les objets étaient en moi, et faisaient partie de moi-même […]»

Buffon

Vespérale

J'ai eu un crucifix fluorescent
que l'obscurité enfanta.
Deux invisibles prunelles
leurs regards fixés
sur la source lumineuse.
Je m'élèverai au-dessus de l'autel
et les mains jointes
j'étalerai mon corps en offrande
pour qu'une nudité bleuâtre
le mange et le boive
à la table orgiaque des dieux.
Sur une patène d'or
j'entrerai à l'orgie
couvert d'un long voile de soie bleue
et ils perceront mon cœur
en l'honneur de l'obscurité
une masse de bois enfoncera
un obélisque d'ébène noir
et l'oiseau viendra planer
au-dessus de ma dépouille
vêtue d'une longue toge blanche
l'oiseau enfantera la langue de feu
et elle descendra
à l'immolation nubile.

AMEN!
J'ai mal à bédaine.

Le mur

Sur la muraille des temps
l'écrin du souvenir.

Le mur est
est là
        et j'entends
        de l'autre côté
        un chant de moi
mais le mur est
est là
et moi ici
        j'applique l'oreille
        contre le couvercle
        d'or ciselé
        et l'écho sonore
        se répète encore
mais le mur est
est là
et moi aussi
    je pense
    ce n'est pourtant pas si haut!
    j'ai pourtant la clef de l'écrin!
    je pense
    que sur le bout des orteils
    je devrais pouvoir voir
    je me hausse
    je l'ouvre

mais le mur est
est là
et moi aussi
        je regarde et je vois
        les pirouettes miroitées
        d'une ballerine décrépite
        et j'entends…
        j'y prends…
le bijou de mon poème!

Je me souviens

JE ME SOUVIENS
et la haine
coule en moi
en ondulations serpentines
comme la sève des racines!
Nourrice de la pomme.

JE ME SOUVIENS
d'une course clandestine
dans les soleils
de l'enfance ancestrale!

JE ME SOUVIENS
et mon héritage
cette colombe qui gentiment
se pose sur mon épaule
et gémit à mon oreille
l'immolation rythmique.
Le chant sanguinaire
de l'ode à la douleur
qui m'emporte en rage.

Et ce vautour s'en va rageant
déchiquetant tyran
et de sa chair au bec
je m'envolerai.

J'offrirai au soleil
ma haine et ma soif
sa chair et son sang
et sur les eaux
nous nous étreindrons
mes aïeux et moi!

Et la colombe à mon fils
portera les feuilles d'olivier.

Mon oiseau et moi

Nous échapperons
mon oiseau et moi
et nus goûterons-nous
la morsure des cimes enchaînées
et ce n'est qu'à l'aurore que nous aurons
l'œil orange du feu!

Nous nous envolerons
mon oiseau et moi
(et comme la colombe
qui plane à fleur d'eau
je frôlerai le ventre de la terre
ses mains enflammées
m'élèveront jusqu'à Lui).
Et mon oiseau et moi
d'un coup d'aile
piquerons vers le ciel!

Quand je serai bleu
et que bleu sera moi,
les eaux inonderont
notre terre et notre feu
et nous nous baignerons
mon oiseau et moi
entre le ciel et la terre.

L'offertoire

Je Lui offrirai
mon cœur et mon sang!
Mon âme et son chant!

Et nous épouserons
l'ouate vaporeuse de l'aube.
L'aurore, l'ostensoir qui se dore
au-dessus du Jourdain!

Et en offrande
nos corps s'uniront
comme deux mains jointes
qui ensemble s'élèvent
pour se consumer
au feu du Sinaï!

Remonte un peu

Remonte un peu le ruisseau!
Mon amour
remonte donc le courant!

Nous y découvrirons île et plage
où dans ses hauteurs le soleil
dans l'eau se mire et se fond
et brûle nos corps, brûle ma chair!
Le sable de la terre
caressera le sable de l'eau!

Viens donc mon amour!
Ce n'est pas si loin
à peine deux remous
et… oh!… nous y serons!

Les feuilles s'y bruissent
mon amour!
Les feuilles y chantent
au rythme de l'onde
au chant d'un rossignol.
Le sable, mon amour, le sable!
Renversons le sablier
et le sable nous reviendra.

Et… oh!… remonte!
Remonte avec moi
et si tu veux
nous y construirons des châteaux
de tours et tourterelles.
Nous y construirons des remparts
de sable figés!

Et... oh!... remonte et remonte
papillon de mes étés.
Ignore les poudreries
— le cocon est filé —
et remonte le ruisseau
papillon de mes hivers!

EN ATTENDANT

En attendant. Éditions Prise de parole, 1976.

Trois textes (Et de temps, Ton nom et Il y eut) ont fait l'objet d'une révision. Les autres sont reproduits tel qu'ils ont été publiés sauf pour quelques coquilles qui ont été éliminées et la ponctuation qui a été revue.

La maquette et le dessin de la couverture de *En Attendant* sont de Raymond Simond. De plus, l'édition originale comprenait quatre dessins du même artiste.

L'autobus de la pluie

Il pleut

Il pleut
J'en suis sûr car je ne suis plus sourd

Mes rêves de sang
mon encre de slague

Je me suis assis à l'abri
pour attendre l'autobus de la pluie

À l'aube

À l'aube de cette année
ta langue qui longe mon bras
malgré l'étendue dure des glaces
(je me suis pour un moment
  baigné dans le même vent que toi).

Et ce soir
        ce frisson au dos
je le ressens
à la fenêtre, dans le vent
et dans la pluie.

Entre deux

Entre deux gorgées de café
je t'ai aperçu
dissous
au fond de la tasse
tu tentais de t'agripper à la paroi
comme un homme qui dans l'orage
longe les murs de la pluie.

Mais il y avait les gouttières
et le remous de ma cuillère
et puisqu'il y avait la foule et ma soif
j'ai laissé le courant te noyer en t'avalant.

J'ai vu

J'ai vu pour un instant
ce tableau de soleils immobiles.
Un fleuve de lumière coulait
entre l'aube et le jour.

Un ruisseau descendait vers la lune
mais le soleil montait la garde
et les marées du jour
venaient inonder nos nuits.

Je t'aime
comme temps: eaux secondes
qui s'écouleraient
entre soleil et lune.

Je voudrais

Je voudrais que l'encre de mon poème
comme la nuit qui monte sur ma page
noircisse le ciel à te décrire
et que la bille de ma plume
suive si simplement la courbe
comme la lune suit son axe.

Et de temps

…et de temps en temps
quand miroite ton visage liquide
une crue fluviale d'encre bleue
m'inonde et m'irrigue sur une plage

mais ces mots de pluie
vibrent de temps et de vents
cernent l'iris et l'étang
brouillent l'image perçue.

Demain le calme reviendra

et au-dessus de l'eau
mes doigts d'araignée fileront
une large toile sonore
notre ronde musicale!

Ton nom

Tellement crier ton nom.
Dessiner d'un seul trait
ton visage!
Hurler mon amour au vent
pour qu'il nous emporte
comme il a tordu la cime des arbres
nos cheveux devenus feuillage.

J'entends déjà leur bruissement

Pour qu'à l'aurore
ce soleil submergé,
qui s'élèverait
nous l'absorbions
par feuilles
par branches
et dans le vent de nos corps.

Mon grand pays

Mon grand pays travesti
qui a peur de mourir.

Il n'y a qu'un reflet
sur les vitrines de la pluie.

Des mannequins émergent du fond des eaux
                              et gouttes de pluie
sur un rêve vitreux.

L'été qui se mire dans l'onde
se pomponne et se retouche de rouge.

L'aurore

Mais comme j'arriverai
seul à l'aurore.
    J'arriverai seul à l'automne!
Mon corps deviendra le Nordet
qui fera craquer tes branches en hiver
et ma page pour toi deviendra poudrerie
pour abolir et ouvrir l'horizon.

L'hiver et l'été

Quand en hiver l'été me hantera
j'élèverai ma hache vers le ciel
et de tous mes muscles, de tous mes nerfs
et de tout mon sang et de tout mon corps
j'évoquerai la puissance de mes pères
pour mieux t'abattre
pour mieux t'ébranler et te skidder
te draver et te scier

avant qu'advienne la pluie.

La pluie

La pluie devenue neige
le souvenir de ton corps frigide
qui dort près du mien.

Je rêvais
et l'autobus a passé
Le sourd écho de mes pas
dansera
quand sous l'arc-en-ciel
la pluie épousera le soleil...

L'autobus de la pluie (la chanson)

Je me suis assis à l'abri
Pour attendre
L'autobus de la pluie

Il pleut
J'en suis sûr
Car
Je ne suis plus sourd
Mes rêves de sang
Mon encre de slague
Ta langue qui longe mon bras
Pour un moment
Je me suis baigné dans le même vent que toé

Il pleut
Tu tentais de t'agripper aux parois comme un
homme
Qui dans l'orage longe les murs de la pluie
Un ruisseau descendait vers la lune
Et le soleil montait la garde
Et les marées du jour venaient inonder nos nuits

Il pleut
Et ses mots de pluie vibrent
De temps et de vents
Demain le calme reviendra
Et au-dessus de l'eau
Mes doigts d'araignée fileront
Une large toile sonore
Notre ronde musicale

Mon corps deviendra le Nordet
Qui fera craquer tes branches en hiver
Ma chanson deviendra poudrerie
Pour abolir, pour ouvrir l'horizon
J'élèverai ma hache vers le ciel

De tous mes muscles et de tous mes nerfs
J'évoquerai la puissance de mes pères
Pour mieux t'abattre et t'ébrancher
Te skidder et te draver
Avant qu'advienne la pluie

Je rêvais et l'autobus a passé
Quand sous l'arc-en-ciel
La pluie épousait le soleil

Je me suis assis à l'abri
    Je me suis assis à l'abri
Pour attendre l'autobus de la pluie
Pour attendre l'autobus de la pluie
       l'autobus de la pluie

(Tel qu'adapté pour le groupe CANO
par Marcel Aymar.)

Le matin de ton souvenir

Dans l'aube

Nu et debout dans l'aube
comme un volcan
qui a trop longtemps hésité

je vois le matin de ton souvenir
qui s'élève
à chaque tour d'horizon.

Je glisse

Je glisse dans un pays
d'or bleu et d'encens
chevelure d'herbe tendre
yeux d'azur et pupilles ensoleillées.

Nous y sommes descendus
par des escaliers de fer.
(Un pays de merveilles
et de petits tunnels de béton.)

Il y eut

Il y eut la fois
où tes yeux m'ont attaqué
et il y eut
ses mots déformés
et ta peau qui se fondait
en une gorgée de bière
et
Suzette et son amie
qui jasaient
assises
dans une bouteille verte.

Ressac

Ce plancher mobile
m'empêche de marcher
les murs virevoltent
et l'envers du monde
où flottent nos corps
devient miroir
ma peau tendue
tes bras, doigts de bois
bâtons de tambour
font vibrer
les artères de ma caisse sonore.

RESSAC...

Marée lunaire
ton corps nu sur un nuage
tes doigts divins qui descendent
pour m'offrir un joint.

J'aimerais pouvoir retourner
au matin de ton souvenir
mais
j'aurais dû te dire
que tu étais beau
et que je t'aimais
j'aurais dû te dire
que je devenais
l'Arbre d'azur, d'éther et de soleil...

Fleur de neige et fleur de mousse

La plus belle des roses

La plus belle des roses
au jardin des sœurs
se fanera à l'automne
malgré ton désir blanc
étendu dans un lit de fleurs.

Le temps dégoutte

Le temps dégoutte
l'ère verte de l'automne
s'étiole de jaune et d'orange
(je t'ai pourtant aimé
ou était-ce une fugue d'été?).

Une bise d'automne m'ébranle
au seuil de l'hiver…

Tes doigts de soleil

À l'horizon
tes doigts de soleil
effleurent ma peau givrée.

Fleur de neige et fleur de mousse.

Ma terre qui frémit sur cette rive
la débâcle a emporté les étoiles.

En attendant

Dimanche
    en attendant la pluie
qui viendra
    sûrement
avant que tombent les feuilles
    et que tombe la nuit.

    En attendant
l'on se dirait à l'automne

    mes couleurs de terre
jaune orange, sablonné
    pêche

    et
    crème de maïs.

Malgré les saisons
    et de l'au-delà du temps
je t'entends percer à l'horizon
    trouvère moyenâgeux

et je jongle
    avec mes pauvres mots
en attendant que le soleil
    se lève sur le Nord.

Et ton souvenir

Une harmonique de guitare
suffirait
pour que le mur s'écroule
que remonte l'eau
et qu'émerge l'envers du monde
que crève le cocon fébrile
tissé au fil du temps

et ton souvenir
tel: coquillages et lichens
qui échouent sur cette plage sonore.

En rappel

Printemps!

Mon encre s'écoule
de jaune
        et de verdure
et mes mots d'amour
s'élèvent en chant d'oiseau.

Printemps

        et ce frisson
ce long frisson doux
qui longe le bras.

Tes pieds de fleur
(la terre m'appelle)
tes jambes de fougère
qui se fondent en elle.

Printemps
        ta sève s'écoule
et mes mots d'amour
s'élèvent en chant d'oiseau.

Printemps

        en ce frisson
ce long frisson doux
qui longe le dos.

En attendant

Et

Et
si tu voulais entrer chez moi
tu n'aurais qu'à frapper
tout doucement.

Je

Je t'attends depuis
si longtemps
    qu'un rayon de soleil
a traversé cette dentelle
et ce rideau de brocart!
Soudainement illuminée
la poussière,
        elle
    a flotté
et s'est déposée
    sur ces quelques petites faïences.

Si

Si tu voulais me voir
tu me trouverais
    assis

à me bercer
dans une chaise
que le temps a figée dans l'espace.

Tue

Si tu voulais entrer chez moi
tu n'aurais qu'à frapper
tout doucement.
    J'époussetterais et
    préparerais ma maison
pour mieux te recevoir
    tant
et tellement
que
    quand
    tu viendrais j'aurais
tellement de peine
    à te croire
que mon hésitation risquerait
peut-être de t'effrayer.

Ta silhouette

     Curieux
j'ouvrirais la porte
à ta silhouette
qui d'un seul coup de vent
s'effriterait
comme une feuille à l'automne
poussière lumineuse sur
le parvis
sur le seuil de ma porte
cet écran désert
où tourbillonne la poussière
des hommes.

SOUVENANCES

Souvenances. Éditions Prise de parole, 1979.

Les textes de ce recueil sont reproduits tel qu'ils ont été publiés sauf pour quelques coquilles qui ont été corrigées. De plus, l'auteur a cru bon de revoir la ponctuation.

La photo de la couverture est de Cédéric Michaud et la maquette est de Karen Hankenen et Réal Fortin.

Dédicace

À toi
qui n'es plus ici
car le jour de ton départ ton ange gardien
sur son socle
s'est figé dans son sel

car
une odeur de cigarette flâne toujours
au-dessus de mes souvenirs.

le 29 mai, 1979

Souvenances

Un vautour
se pose sur ton épaule
griffes qui crèvent ta chair
sa prunelle sévère se fixe
sur les quelques lambeaux
de chair qui restent
aux squelettes de tes amours.

J'ai soif de notre sang
la hantise d'un spectre rôde
se pose sur la plus
haute de tes branches.

Tournent les tourments et
les vautours
mets ta main devant
l'autre
protège tes yeux
l'aube point toujours
après le poème.

Esquisses au bord de l'eau

1. *Parfois*

Parfois
dans les foules
tu apparais disparais
ton corps
flou furtif
telle une bouée
se perd et se noie
sous l'onde de toutes ces foules!

J'entends ton appel
le cri de la mouette
le ressac de la marée montante.

Que s'élève ton souvenir
je descendrai vers toi
vers ton pays... les plages du présent
pour y cueillir
échoueries et coquillages.

2. Je scrute

Je scrute
chacun de ces moments
tel l'enfant à la conque
qui accroupi dans le sable tend l'oreille
pour mieux entendre
les secrets que la mer
y chuchote.

3. Ton souvenir

Ton souvenir
même si
je l'ai à peine connu
effleuré
comme cette nappe vaporeuse
qui se reflète
se mire et se glisse
au-dessus de ces eaux matinales

je l'ai souvent pressenti
à la fine fleur de ma peau.

4. La tempête

La tempête que nous avons connue
nous y a menés
là
où les récifs poreux
abritent
l'oiseau qui nous y a guidés.

J'entends encore
le battement de tes ailes
grande colombe blanche
qui plane au-dessus de nos dunes.

5. Tu marches

Tu marches sur les
brumes de l'aurore.
Je me baigne dans
la rosée de ces matins.

Si doux soit-il…

Sur cette plage
j'entends
ce clapotement, toutes ces vagues qui lèchent ton
corps
et toi
et ton murmure…

Si doux soit-il
le souvenir que j'évoque.

6. *Si je t'aime*

Si je t'aime
c'est que le ressac
de ton souvenir
chante sur le corail
de ma mémoire.

C'est que le varech
et les lichens
y dansent
des tangos d'amour!

7. *Lichens et varechs*

Lichens et varechs.

Ces longs herbages lisses
entrelacent les cadavres perdus
au fond des eaux salées de
cette matrice.

De longues langues
maléfiques
qui ne cherchent qu'à sucer la
sève et le sang
de nos amours!

8. *Je n'irai pas*

Je n'irai pas à la plage
avec toi.

Je m'émerveillerai plutôt
en ma sueur...
Je me laisserai bercer... flotter
sur les remous de ma mémoire.

Ces souvenirs
qui se plaisent à évoquer
à éveiller
les pas de nos danses sensuelles!

9. *Émerveillé*

Émerveillé
je le gardais enfermé
comme un oiseau dans une cage.

Ce soir il n'attend plus le matin
je l'ai laissé s'envoler.

une oiseau blanc vole
au-dessus de l'obscurité.

10. L'aube

Car à l'aube
les mouettes y planent
et leurs cris stridents
rebondissent
sur les parois polies
d'une nuit d'août.

RESSAC…

Ces marées de souvenirs
ces algues ces quelques mots
qui tanguent sur mes vers
et l'écho
de mes mots d'ennui
qui à l'aurore
échouent sur cette page.

Les songes de l'amour solitaire

1. Chair solitaire

J'ai longtemps pensé
qu'il n'était pas bien de te parler
de chair solitaire.

2. Pardon

J'ai plutôt choisi
d'inventer ces poèmes de mots cuits
ces fricassées de verbes réchauffés
que je te sers
et ressers.

Pardon

car ce que j'ai pu écrire
équivaut
à ce que je n'ai pu te dire.

3. De tes pas

Lorsque tu t'en vas
je pleure
(pourtant mon corps n'en témoigne pas)
et puis tu reviens
(malgré ton corps qui s'en va)
et tu t'étends et je t'attends
et tu t'étires
et j'entends crisser le gravier
sous le cuir
de tes pas qui s'éloignent.

4. L'écho de ton rire

Tranquillement
je laisse ma folie
me propulser au-delà de ce temps
un train noir vrombit
à la gare du présent.

RAPIDO!
Les cieux limpides
se couvrent
se gonflent d'orages...
tourbillons d'éclairs
qui tonnent au-dessus de mes terres.

TURBO!
Ma terre
en cette chaumière
l'écho de ton rire caverneux
me hante
vieille femme débile
qui au coin du feu
se berce frénétiquement
en attendant d'être fécondée.

5. *Matines*

Matines…

Il pleut.
Sur ce papier
les sueurs de ton corps
ruissellent.
Expire ton air
s'envole ton corps
je l'embrasserai
jusqu'à ce que perce l'aurore
notre aube mort-née.

6. *Vaut mieux*

Vaut mieux
ne pas parler de la chair solitaire.

Car quand tombe la lame
le sang se répand
sur les dures chaussées de l'hiver.

Les cierges de la nuit

1. Taches

Ah…! mais que de taches de vert
qui se détachent
sur un pan de ciel bleu.

2. Flammes

Les flammes de l'automne
devenues vertes.
L'on y perçoit même
des soupçons de jaune.

J'entends leurs murmures.
Écoutez les bouleaux que entrefroissent déjà
leurs premières feuilles insolites.

J'entends leurs crépitements!
Le feu dans l'âtre, le tapis, les coussins
et les longues soirées d'hiver.

Mais les cierges de la nuit
brûlent toujours plus intensément.

3. Matine

J'ai bien dormi
mais ce matin
vous brûlez encore en moi.
Écoutez
la mort que nous connaîtrons
dès l'automne prochain
est née ce matin.

Ce soir je m'offrirai
à la communion des vautours.
Nous assisterons
à la confirmation des vivants!

4. Cierges

Les cierges pascaux
brûlent et vacillent
aux quatre coins de notre dépouille.

Ces vieilles chipies
seraient-ce là, déjà, mes sœurs
qui à genoux
se balancent et se meurent
en pleurant et en picorant nos souvenirs?

5. Sur les vagues

Ah…! mais que de taches sanglantes
qui dégoûtent
sur cette voile de velours noir.
(Entendez-vous la complainte du guerrier?
Que vogue sa galère!)

Ah…! mais que de flammes
solitaires
qui à l'horizon solennel
tanguent sur les vagues
sombrent dans la nuit.

Souvenances

1. Naître en hiver

Faut-il
que coule le sang
que s'égoutte la sève?

Faut-il
que crève la chair
afin que s'échappent les eaux
où se baignent tes prunelles?

Faut-il
naître en hiver
pour un jour connaître l'amour?

2. Dans le silence

Dans le silence
des battements de mon cœur
tu m'épies.
Grande détresse fugitive
tu cours au-delà du vent.
Le feu qui gronde
brûle déjà dans tes artères
la neige danse dans la rue.

Comme l'homme est seul
avec sa chair!

Que crèvent ses veines
et ses artères
son sang se répandra
se coagulera, se figera
sur les pavés, en hiver.

3. Si seuls

Il y a des vieilles femmes
et des jeunes hommes aussi
qui vivent si seuls
qu'eux seuls
savent nourrir les oiseaux
en hiver.

L'hiver qui entre par tous leurs pores
la tempête est dans leurs veines
la poudrerie bat son plein au fond de leur cœur.

4. *Le deuil*

Tu portais le deuil.

Telle une mère
borde son enfant
le silence nous endort
                    (un enfant s'éveille
sur une page blanche).

Tu as dormi
                    là
tu as bu à ce verre.
Tu es passé sur ce seuil.

Tu portais le deuil
la mort la neige dans la rue
couraient au-devant de toi.

5. *Le glas*

J'avais cru
pouvoir te voir vieillir
je nous avais imaginés
vieux, riches et même heureux.
Nous en avions parlé
un soir comme ça
entre quelques litres de rouge.

Au lieu
les gens s'amassent
aux portes de cette église.
Sonne le glas
et résonne l'écho
nos pas qui se sauvent
s'estompent déjà derrière moi!

6. L'écho d'un mot

(Adieu est l'écho d'un mot qu'il
vaut mieux ne pas entendre.)

J'ai compris cela
       là
dans la neige, près du
       corbillard
et le tourbillon avec la caisse
       et ton corps
         quand
ton cadavre et la chaleur de mon sang
nous séparaient.

7. En hiver

J'ai compris…

Je suis devenu souvenir
soleil couchant
qui dilue l'opacité de l'air
et éveille la transparence des hommes
le rayon qui perce l'obscurité
tel un spectre
qui
            en hiver
cueille les ombres fugitives
sous les luminaires
de métal vert.

8. L'air frais

J'ai senti l'air
frais
que soulevait le froissement de tes ailes.
J'ai vu
la luminosité de l'automne
étendue de toute sa fraîcheur
sur le parquet de la cuisine
tout le long de ton corps.

Ô que s'élève le coloris, colibris
cette poudrerie illuminée
qui roule et roucoule à fleur de terre.

Que j'aimerais m'étendre sur les plaines
ensoleillées de ton corps
me perdre dans la verdure de tes lainages
tel un rayon qui rebondit
au fond des tropiques verts du Pérou.

Mais j'ai senti
le nuage saupoudré de poussière lumineuse.

9. Croire

J'avais cru pouvoir t'extraire
te sculpter
à même le roc noir de mes mots pollués
mais l'écho de mon poème
demeure
et hante les parois de mes couloirs souterrains.

À coup de voyelles
d'images
    de rêveries
           de vers
j'avais cru
      inventer
tes couleurs qui s'éclaboussent
    marteler
tes courbes qui enjôlent
         raffiner
tes membres qui m'entourent
                miner
ton cœur qui palpite

mais
    même si au fond de ce tunnel
je vois ta lampe qui s'éloigne
    même si ton souvenir s'obscurcit
et sans soleil se meurt
je t'esquisserai
          te réinventerai
car
nous rêverons,
nous nous éclabousserons
ô mes chairs
          blanches plaines
froides
        rocailleuses
et balayées de souvenances.

La Veuve rouge

La Veuve rouge. Éditions Prise de parole, 1986.

Deux textes, «Quand il n'y a que le silence» et «Ma plume», ont fait l'objet d'une révision. Un nouveau texte intitulé «Cendres» a été ajouté. Les autres sont reproduits tel qu'ils ont été publiés sauf pour quelques coquilles qui ont été éliminées et, enfin, la ponctuation et la mise en page qui ont été revues.

    La sculpture de la couverture est de Danielle Tremblay, la photo est d'Henriette Dauphinais et la maquette est de Tim Inkster.

Les ormes en hiver

À l'orée

À l'orée de mes trente ans
je deviens forêt
dissimulée
au-delà de cette page qui s'estompe.

Le mal du siècle

Il est désormais préférable de ne pas voir au-delà de l'horizon.

Le mal du siècle nous assiège.

Et qui crie

N'écoutez surtout pas ce qui se dit
dans le vent;

le vent qui hurle, le vent qui pleure
le vent qui prie
et qui crie, le vent qui jure…

N'écoutez surtout pas celui qui s'endurcit
dans le vent.

Le mal du Nord

Le mal du Nord monte en nous
notre sève et notre sang se figent
le temps s'essouffle à nos pieds.

Pourtant
nous avons soif de pluie
de feuillages

qui autrefois
                se touchaient
se frôlaient

sous les ciels de nos étés.

Nous sommes

Nous sommes les ormes en hiver
tous ces arbres qui craquent et qui meurent
sur vos plaines.

À l'horizon
un grand pin rouge règne
se tord au seuil du temps
sous le siècle du vent.

Au haut de ses branches ses fruits se balancent
En bas, dans le roc, sa chair se multiplie.

Nos racines

Nos racines
comme les mains des mineurs
se sont enfoncées dans le roc.

Nous avons connu
des hivers longs à mourir
des printemps pluvieux
et la clarté de l'été des Indiens.

Quand il n'y a que le silence

Quand il n'y a que la nuit
que nos troncs, que nos feuilles.
Quand il n'y a que l'amour
diffus, lointain;
qu'il n'y a que le temps qui nous sépare.

Quand le printemps tarde à venir.

Quand il n'y a plus de mots pour dire
la douleur qui, en nous, palpite.

Quand même la poésie nous quitte
il n'y a que le silence qui nous habite.

Quand il n'y a que nos sexes en érection
qu'il n'y a que nos cœurs en douleur
je pense à vous…

Quand il n'y a plus de chansons qui puissent
éveiller nos souvenirs, il n'y a que nos troncs qui
attendent le matin.

Il n'y a que nous

Il n'y a que nous, les squelettes
des ormes
qui osons faire l'amour sur les plaines en hiver.

Ne nous demandez pas
de nous entrelacer en silence
nous ne pourrions rêver de la chair
de nos étés.

Même si

Même si vous voyez nos fruits morts
tourbillonner et tomber
sur les premières dunes de l'hiver
la neige tombe
dru
et
s'effacent les traces de nos
passages.

Les ormeaux

Nous sommes les ormeaux
qu'ont plantés vos grands-pères.

Ne posez pas sur nous vos regards perplexes
innocents et piteux.

Vous ne voyez que nos branches
et nos troncs secs
qui se découpent sur le ciel
gris de janvier.

Nous ne sommes que l'ombre
de ceux qui dansaient dans la forêt
de ceux qui marchaient dans la plaine.

Sous la neige
nos rêves sont en friche.
Nos ormeaux se meurent!
Ils ne sont que l'ombre de ceux
qui vivaient sous la pluie.

Écoutez

Écoutez
entendez-vous hurler le vent?
Sentez-vous la neige qui s'ameute
entre les pieds de nos broussailles
contre le bois de nos troncs
et sentez-vous l'écorce de nos cœurs
qui se crispe, qui gerce, qui crève et
qui crisse dans la nuit?

Les ormes en hiver

Nous sommes la haine
et tout l'amour que vous avez vécu
au cours de ces hivers qui se sont écoulés.

Nous sommes la neige
et tous les vents qui sifflent sur la plaine
sur nos frères, les arbres, et toutes
leurs branches qui craquent dans la nuit.

Elles ne font plus l'amour
j'entends leurs cris qui déchirent
le silence de nos absences.

Nous sommes la haine
et tout l'amour que nous avons connu
l'hiver passé.

Nous sommes froidure
et les flammes qui sautillent dans l'âtre.
Nous sommes l'ombre qui frôle
et qui possède ton âme.
Nous sommes les ombres des arbres qui enlacent
vos corps.
Givre qui voile vos nuits.
Le firmament, les aurores boréales
qui dansent dehors.

Nous sommes la froidure, nous sommes la haine
et la luxure, l'amour et toute la peur
qui planent au-dessus de la terre.

La veuve rouge

La veuve rouge

Je ne porterai plus de noir.
Je ne subirai plus ton deuil.
Je ne serai plus ta veuve.

J'irai plutôt à la ville
pour m'acheter une belle robe
de crêpe rouge.

Je te dirai

Ne me dis pas
que l'herbe sera belle
au printemps

car ce que tu veux me dire
c'est que l'automne
est dans ma chevelure.

C'est toi qui m'as incitée
           à courir sur cette page.
C'est toi, c'est pourtant pour toi
les fleurs que je dépose
aux pieds de ton ange.

J'ai besoin de toi.

J'ai besoin d'un homme
           droit debout
qui regorge d'amour.

(Il fait froid ici.)

Tu ne connais pas l'ampleur
           des vents
qui soufflent dans la plaine.

Avec les cendres...

Toute l'énergie que j'ai
            que j'ai

s'étiole à l'orée du boisé.

Tout l'amour que j'avais
          que j'avais

s'envole avec les cendres du brûlé.

Te Deum

C'est ta mort qu'il habite
sur son socle.
Son regard contemple ta terre.
Il porte la toge de l'innocence.
Il porte des fleurs
sa main tendue te lance des lauriers.

C'est un ange qui se fige
sur son socle.

C'est ton odeur qui m'embaume.

Entends-tu le grincement
de l'encensoir?
La plainte… et le vent qui chante notre
Te Deum?

C'est ton âme

C'est ta chair.
Ceci est ton corps.
C'est le temps qui se fige.
C'est son œil qui cille.
C'est ton âme…

Ceci est mon ange de sel
qui sur son socle
s'éveille.

C'est mon ange...

Mon ange s'est figé dans son sel
son bras s'est brisé
et est tombé à ses pieds.
Les souvenirs de mon ange s'estompent
mais chaque soir dans mes rêves
je redécouvre la chair de mon ange.

En ta mémoire

De pierre tombale
l'ange de mes rêves est tombé.
L'ai cueilli au cœur du rosier
et me suis offerte
en ta mémoire.

Bibelots

C'est un ange couché
sur une table.
C'est la lumière biseautée
de l'automne
qui danse autour.

C'est la poussière qui flotte
dans l'air.

C'est une porte qui est
toujours ouverte.

Ses yeux

Mon ange est resté figé dans son sel.
Mon ange a perdu son bras, a perdu sa couleur.
Je ne me souviens plus de mon ange
ses yeux sont morts.
Je n'entends plus battre son cœur
je n'attends même plus son
appel, même sa paume s'estompe
sa sueur ne hante plus mes rêves.

Je t'appellerai

Je t'appelais mon ange.
Je t'appellerai absence.

Je rêve pourtant de la paume
de ta main.

Tu t'appelleras Néant
Nuit, Scintillement
pendant que s'érige
la barre du jour.

FLAMME
pour cet instant
seulement
je t'appelle Amour.

L'eau
qu'il s'écoule, mon
rêve.
L'encre
qu'il s'érige ton
poème.

J'avais oublié

J'avais oublié
les courbes de tes lettres
les points de tes ponctuations
tes virgules.
J'avais oublié
ton verbe, tes adjectifs;
notre participe passé.
J'avais oublié
que le conditionnel présent
dépend toujours de l'autre.
J'avais oublié qu'un point
d'interrogation ne suffit pas
à bâtir le futur.
J'avais oublié…
tes voyelles, tes consonnes
tes articles
(que j'ai aujourd'hui découverts).

J'avais oublié qu'aimer
ne se conjugue pas.

Je m'appellerai

Je m'appellerai gisante.
Ils grouillent
et rampent dans mon corps.

Sommeil
tu m'attendais sous la terre.
Ils grouillent
et rampent dans mon corps.
Qu'ils mangent ma chair
s'ils le veulent.

Je t'appellerai froidure.

Qu'ils gercent ma chair
s'ils le peuvent.

J'appellerai l'hiver.

Cendres

Tu n'es
que la cendre
de ton bois.

Nous ne sommes
que les braises
de nos flammes
qui dans l'âtre
de l'humanité
s'étreignent.

J'entends ta rage

Que coule le sang, réchauffe mes entrailles
que s'ouvre mon œil, aiguise ton pivé
j'entends ta rage, que tournent tes billots
tu draves mes mots, mon âme s'écrie, mon corps
frémit
tu pousses, je roule, tu crèves l'écorce de mon
poème
à coups de pack-pôle
ces mots qui glissent toujours vers toi.

J'ai lavé

J'ai lavé tout mon corps
j'ai lavé toute mon âme
l'eau ruisselle le long de mes jambes
l'eau vibre sur les muscles de mon cou
l'eau chaude, l'eau froide
me lave de ton souvenir.

Je me suis assise
et j'ai expulsé mes souvenances loin
de moi, j'ai vu
mes peines d'amour tourner, tourner et
disparaître
tourbillons de mon désir de vivre.

La veuve rouge

Je ne porterai plus de noir.
Je ne subirai plus ton deuil.
Je ne serai plus ta veuve.

J'irai plutôt à la ville
Je hélerai un taxi, je traînerai dans les rues
en chantant…
Je ne porterai plus de noir…

Dans les rues

Dans les rues Slater, Sainte-Catherine
Yonge et Saint-Jean.

Le cœur à la main
le sexe dur et rigide
sous le tissu mince
des jeans de la nuit.

Ils bandent pour un dix
vous mangent pour un vingt
et vous offrent quelques instants
d'amour, quelques gouttes d'innocence
pour cinquante dollars.

Le cœur à la main
les seins
les hanches et la taille
moulées dans le tissu
mince des jeans de la nuit.

Elles vous crossent pour un dix
vous sucent pour un vingt
et vous font tanguer pour quelques instants
sur les mers de l'innocence
et tout ça pour seulement
cinquante douleurs.

Entre

Que tournent les lumières
                    que valsent mes passions.

Dans la pénombre
mon ange est descendu du ciel
ma muse, rêve encore, ma muse.

Mon ange se tâte le sexe.
Mon ange siffle, mon ange durcit
mon ange se retire dans le noir
mon ange m'attire
mon ange parle, de ceci, de cela
son regard se perd entre les fentes
de mes cuisses.

Mon ange parle, mon ange questionne
mon ange répond, mon corps s'approche.

Mon ange me valse, me fait tourner
la tête de mon ange se tourne vers moi
se penche, le frôlement de son souffle
son genou le long de ma cuisse
je sens durcir le cap de mon ange
qui tente déjà de se fondre
dans mon entre-jambe.

Mon ange me touche
ses mains caressent mes hanches
discrètement ses doigts
se glissent dans ma bourse
mon âme crie, mon corps hurle.
Mon ange rougit
cache son sexe au fond de sa culotte
mon ange se sauve et se perd
sur la piste de danse.

Shoeclack

Le mauve, l'orange, le rose et le bleu.
Des jets de lumière tombent du ciel.
Shoeclack!
Québec City, downtown, carré d'Youville!
Les portes de la Saint-Jean t'encadrent.
Le mauve, l'orange le rose et le blanc.
Rock
    et punk-rock
la piste tourne et tous ces jeunes corps qui
tanguent
qui s'admirent et se reflètent dans les angles
aigus
des murs-miroirs de la Shoeclack.

Dans l'œil du disque qui tourne je te vois
tanguer, sauter et tourner. Tango et punk-rock.
Dans le ciel électrique les éclairs
de rose, d'orange, de mauve et de bleu
s'entrelacent!

Shoeclack
       je t'aime
malgré la distance qui nous sépare.

Entre chaque geste

Au-delà des gestes
il n'y a que les fleurs de l'amour
des fleurs vivantes
des fleurs vivaces
des fleurs de sang, de chair et d'âme.

Après chaque soirée, après chaque danse
après chaque verre, après chaque bière
il n'y a que mon désir qui grandit
que mes mots qui fleurissent
que mes gestes qui le cherchent
et qui l'attirent, que le sommeil et le soleil.
J'attends déjà l'aurore.
J'entends déjà l'aube.

Au-delà des gestes
il n'y a que l'amour
il n'y a pas de raisons
il n'y a pas d'excuses
il n'y a pas d'écluses
qui ne s'ouvrent pas un jour.

Crépuscule et Nuit qui m'entourent
après chaque feu vert.
Il n'y a que les néons qui se mirent dans la nuit.
Après chaque corps, après chaque chanson,
il n'y a que mon désir qui s'amplifie,
qui vibre, qui chante, qui danse,
qui me valse et qui me hante.
Nous attendons déjà l'aurore.
Nous chantons déjà l'aube.

Soleil

Le Soleil danse dans ma main
le Soleil danse sur mes hanches
dans l'azur, entre mes branches
sur mes feuilles
sur ma page
le Soleil danse au bout de ma plume.

Ma plume, source et rivière.

Ma plume, qui sur notre rivière drave mes mots
qu'elle en suive les courbes.

Ma plume qui glisse vers vous.
Qui suit les courbes
de ce poème.

Ton odeur

Au-dessus de mon lit nos corps s'étreignaient.

Sur mes murs nos corps s'imprimaient.

Au-dessus de ma maison l'encre de nos âmes se diluait.

Sur cette onde tu m'as pénétrée.

Ton odeur, ton odeur m'enivrait.

En ton absence ma jouissance m'a éveillée.

Tes paumes

Il fait tellement beau
il fait tellement bon
c'est bien de te revoir
les paumes de tes mains virevoltent dans l'air.

Le vent est dans mes feuilles.
Les entendez-vous chuchoter
ces quelques mots
que personne n'ose dire?

Le vent est dans mes feuilles
et tes paumes en sueur...

La veuve rouge

Je ne porterai plus de noir.
Je ne subirai plus son deuil.
Je ne serai plus sa veuve.

J'irai plutôt à la ville
pour m'acheter une belle robe
de crêpe rouge.

Je m'achèterai un billet, je
partirai pour les Florides.
Là où les presque hommes se tournent
pour les femmes en rouge.

Ils diront, ils chanteront

C'est la femme en rouge
ses belles hanches rouges
sa belle robe de crêpe.
C'est la veuve en rouge.
Elle ne porte plus de noir.
Elle ne porte plus le deuil.

Elle marche dans la rue en chantant.

Je ne porterai plus de noir.
Je ne subirai plus son deuil.
Je ne serai plus sa veuve.

J'irai plutôt à la ville
parader dans ma belle robe
de crêpe rouge.

La veuve rouge (la chanson)

Elle marche dans la rue en chantant
Je ne porterai plus de noir
Je ne subirai plus ton deuil
Je ne serai plus ta veuve

J'irai plutôt à la ville
Pour m'acheter une belle robe rouge
De crêpe rouge
J'irai plutôt à la ville
Pour m'acheter une belle robe
De crêpe rouge

Toute l'énergie que j'ai, que j'ai
S'étiole à l'orée du boisé.
Tout l'amour que j'avais, que j'avais
S'envole avec les cendres du brûlé

Je t'appellerai mon ange
Je t'appellerai absence
Je m'appellerai gisante
Ils grouillent
Et rampent dans mon corps
Qu'ils mangent ma chair
S'ils le veulent

Je rêve pourtant de la paume de ta main

Qu'ils gercent ma chair
S'ils le peuvent
J'appellerai l'hiver!
Je t'appellerai froidure!
J'appellerai l'hiver!
Je t'appellerai froidure!

Elle marche dans la rue en chantant
Je ne porterai plus de noir, non
Je ne subirai plus ton deuil
Je ne serai plus ta veuve, plus ta veuve, non
J'irai plutôt à la ville
Pour m'acheter une belle robe
De crêpe rouge

Je traînerai les rues
Je traînerai les rues

Sur les rues Slater, Sainte-Catherine
Yonge et Saint-Jean
Le cœur à la main
Les seins
Les hanches et la taille
Moulées dans les tissus
Minces des jeans de la nuit

Elles vous crossent pour un dix
Vous sucent pour un vingt
Et vous offrent quelques instants
Sur les mers d'innocence
Et tout ça pour seulement
Cinquante dollars

Sur les rues Slater, Sainte-Catherine
Yonge et Saint-Jean
Le cœur à la main
Le sexe dur et rigide
Sous les tissus minces
Des jeans de la nuit

Ils bandent pour un dix
Vous mangent pour un vingt
Et vous offrent quelques gouttes d'innocence
Et tout ça pour seulement
Cinquante dollars

Entre chaque geste
Y a mon désir qui grandit
Entre chaque geste
Y a mon désir qui s'amplifie
Qui vibre, qui chante, qui danse
Qui me valse et qui me hante
Qui vibre, qui chante, qui danse
Qui me valse et qui me hante

Au-delà des gestes
C'est un ange couché
Sur une table
C'est la lumière biseautée
De l'automne
Qui danse autour
C'est la poussière qui flotte
Dans l'air
C'est une porte qui est
Toujours ouverte

Au-delà des gestes
Il n'y a que l'amour
Au-delà des gestes
Il n'y a que l'amour

C'est la veuve en rouge
Elle ne porte plus de noir
C'est la veuve en rouge
Elle ne subit plus son deuil
C'est la veuve en rouge
Avec sa belle robe rouge

(Tel qu'adapté pour le groupe CANO
par Marcel Aymar.)

Choix de critiques

LIGNES-SIGNES

Gaston Tremblay… livre au lecteur des poèmes durs à déchiffrer à la première lecture. Ceux de *Lignes-Signes* ne semblent pas posséder d'unité centrale. Cependant émerge un thème, celui de la communion romantique avec la nature, avec le SOLEIL comme dieu suprême auquel s'offre le poète. […] Des visions d'apocalypse, de «chair et sang», de «cœur et de sang» précèdent le poème intitulé «L'offertoire» où le «Lui» du premier vers (complément indirect se rapportant à un homme ou à une femme) nous laisse songeur. Qui est cette personne?

> *Je lui offrirai*
> *Mon cœur et mon sang!*
> *Mon âme et mon chant!*

En fait, dans le poème final, «Remonte un peu», le plus beau et le plus enlevé, le poète s'adresse à son amour, dont l'identité n'est pas dévoilée.

Paul Gay, *Le Droit*, 20 décembre 1979.

EN ATTENDANT

Le meilleur de cette production se trouve dans les deux derniers recueils, diamétralement opposés. *En attendant*, de Gaston Tremblay, utilise des données quotidiennes et véhicule dans une langue à la fois souple et simple une vision du monde qui procède par instantanés dont le champ de perception est continu.

Michel Beaulieu, *Le Nord,* 27 juin 1979.

[…], des «rêves de sang» précèdent des envolées d'une rare violence. Voici, par exemple, le poète s'adressant à l'arbre, dans des vers qui rappellent «L'Hymne au vent» d'Alfred DesRochers:

> *Quand en hiver, l'été me hantera*
> *J'élèverai ma hache vers le ciel*

et de tous mes muscles, de tous mes nerfs
de tout mon sang et de tout mon corps
j'évoquerai la puissance de mes pères
pour mieux t'abattre
pour mieux t'ébrancher et te skidder
te draver et te scier.

Paul Gay, *Le Droit*, 20 décembre 1979.

SOUVENANCES

Les poèmes de Gaston Tremblay sont dédicacés.

> *À toi*
> *qui n'es plus ici*

Et ce sont des *Souvenances*, titre du recueil, du premier poème et du dernier groupe de poèmes. Entre ce début et la fin, qui évoquent les raisons et les sources de ces souvenances, trois groupes de poèmes: «Esquisses au bord de l'eau», «Les songes de l'amour solitaire» et «Les cierges de la nuit», sont un rappel de quelques moments d'émerveillement, d'amour et de mort.

> *Ces marées de souvenirs*
> *ces algues ces quelques mots*
> *qui tanguent sur mes vers*
> *et l'écho*
> *de mes mots d'ennui*
> *qui à l'aurore*
> *échouent sur cette page.*

L'être aimé, qui réveille ces souvenirs, est passé trop vite («J'avais cru/pouvoir te voir vieillir»); sa mort, qu'on apprend à la fin, est la source de ces paroles, sorte de *ressac* verbal où les évocations, par leur sincérité, laissent croire à une vraie douleur. En réinventant le passé, le poète projette ses souvenances au futur:

> *nous nous éclabousserons*
> *ô mes chairs*
> *blanches plaines*
> *froides*
> *rocailleuses*

balayées de souvenances.
  Clément Moisan, *Livres et auteurs québécois*, p. 92.

La section intitulée «Esquisses au bord de l'eau», parfaite par
son unité autour du thème de la mort et du souvenir, mérite
vraiment d'entrer dans une anthologie mondiale de poésie
de langue française. *Souvenances* est le recueil d'un vrai
poète. Que Gaston Tremblay soit Franco-Ontarien nous
réjouit encore d'avantage.
  Paul Gay, *Le Droit*, 20 décembre 1979.

Les poèmes y sont regroupés par sujets, sans trop de
surprises. Mais la langue est superbe, beaucoup plus
travaillée que dans les textes parus antérieurement.
Tremblay, qui est le directeur des Éditions [Prise de parole]
et qui suit en cela aussi l'exemple de Miron, semble éviter
dans ses propres œuvres le niveau de langue trop restreint,
trop facilement «balkanisant», du joual.
  André G. Bourassa, *Lettres québécoises*, n° 17, p. 83.

LA VEUVE ROUGE

Tremblay est un grand passage de la nature. Il vit froidure,
cri qui déchire, givre qui voile luxure. La veuve rouge est
une énergie en «belle robe de crêpe rouge», un amour de
rêves croisés. Toujours la nature «flottera dans l'air» et
portera Tremblay dans les paumes de ses poèmes. L'hiver ne
le coincera pas, car, dessous, il y a promesses d'eaux qui
ruissellent, des branches aux promesses. L'amour d'une
femme comme un mythe de la nature demeurera.
  Louise de Gonzague, *Nos livres*, vol. 18, n° 7079.

Ses trois recueils de poèmes forment une sorte de trilogie,
liés qu'ils sont par les thèmes de l'amour, la mémoire de la
mort et la symbolique de l'eau. [...] Le début de *La Veuve
rouge* (1986) accuse «une soif de pluie», mais la poésie
s'absentant et le silence effarant, la veuve délaisse la
froidure de ses habits de deuil et le souvenir brûlé de son

ange : expulsant ses «souvenances», elle s'abandonne à cœur perdu au sang du désir, attifée aguichante dans sa robe de crêpe rouge.

René Dionne, *Anthologie de la poésie franco-ontarienne.*

La poésie de Gaston Tremblay n'est pas verbeuse, loin de là. Serait-ce la sensibilité moderne (ou la pudeur tout simplement) qui oblige à la retenue dans l'expression des émotions vives ? Ou serait-ce que le silence exprime le mieux les émotions les plus intenses ? En tout cas, il ne faut pas plus que quelques lignes sur une page pour remplir un long moment de mystère. Le mystère d'un appel irrésistible du cœur à l'esprit. Appel de l'amour appelant la liberté.

Le Nouvel Ontarien, 20 mars 1987.

D'un style dépouillé et direct, l'écriture de Tremblay rappelle l'eau sur laquelle il a exercé le métier de draveur : limpide, concise et puissante. C'est d'ailleurs par l'image de la drave («ma plume, qui sur notre rivière drave mes mots») qu'il parvient à exprimer son amour.

Mark Benson, *Canadian Literature,* n° 117, p. 169.

Biographie
Gaston Tremblay

1949	Gaston Albert Tremblay naît le 30 août à l'hôpital Saint-Joseph de Sturgeon Falls, dans le Nord de l'Ontario. Quatrième enfant d'une famille de neuf, fils de Roland Tremblay et de Flore Goulard, il est de la onzième génération des Tremblay d'Amérique. Son père, un fils de bûcheron, s'apprête à devenir propriétaire de sa propre station-service Fina. Le père de sa mère, Hector Goulard, un ancien bûcheron, est désormais propriétaire d'une scierie qui fait vivre une cinquantaine de familles.
	Il est baptisé en l'église Sacré-Cœur de Sturgeon Falls. Albert Levesque et Rita Tremblay acceptent de devenir ses parrains.
1954	Un malheureux accident domestique le blesse à la main gauche.
1956	Il entre en première année à l'école Sacré-Cœur de Sturgeon Falls.
1958	Son père et un de ses oncles meurent dans un accident d'avion. Son grand-père et sa grand-mère paternels décèdent l'année suivante. La famille sera en deuil pendant plus de trois ans.
1959	Au printemps, il complète sa quatrième année à la tête de sa classe.
1961	Un copain du voisinage, André Paiement, est promu de la cinquième à la septième année. Ils font leur premier travail d'équipe ensemble.
1962	Gaston est promu de la septième à la neuvième année pour qu'il puisse suivre son frère qui termine son cours classique au collège du Sacré-Cœur de Sudbury. Après son entrée au Collège, il passera ses étés à travailler dans la scierie de son grand-père. Avec ses cousins et les fils des autres travailleurs, il apprend le dur métier de main-d'œuvre et de draveur.
1963	À l'automne, il écrit ses premiers poèmes.
1964	À l'hiver, à l'occasion d'une soirée de théâtre, il joue dans une pièce qu'il a écrite et mise en scène lui-même. Il a le plaisir de faire rire ses copains, tandis qu'André Paiement remporte les honneurs de la soirée pour son premier rôle dans *Le Mariage de Paluche*.
1965	Au printemps, il quitte définitivement le collège du Sacré-Cœur de Sudbury. Malgré tous les problèmes

qu'il a connus au collège, c'est dans cette institution qu'il découvre la littérature et l'écriture.

En septembre, il s'inscrit au Sturgeon Falls Secondary School, une école secondaire anglophone dont 85% des étudiants sont francophones. Étant donné qu'il provient d'un collège francophone, la direction de l'école l'oblige à répéter sa dixième année une troisième fois.

1967 Le 4 septembre, il retrouve André Paiement qui, suite à la fermeture du collège du Sacré-Cœur, est revenu dans sa ville natale pour terminer ses études secondaires. C'est alors qu'ils deviendront de grands amis et collaborateurs.

À partir du début de septembre il tient un journal intime, auquel contribue André Paiement pendant plus de deux ans.

1968 En juin, son grand-père maternel (et père substitut) meurt d'une crise cardiaque.

Sa mère se remarie à Lucien Levesque et la famille déménage à Sudbury. Gaston tentera de compléter sa treizième année au collège Notre-Dame.

1969 Il suit un cours d'espagnol tout en travaillant dans les mines de nickel. André Paiement habite avec la famille pendant l'automne de 1969 et l'hiver de 1970.

1970 En septembre, il s'inscrit à l'Université Laurentienne, en lettres.

Au cours d'un voyage à Toronto avec Robert Paquette et André Paiement, il voit le spectacle *Hair* au Royal Alexandra Theatre et le film *2001. A Space Odyssey* au cinérama de Toronto.

Il participe à la création collective de *Moé j'viens du Nord 'stie* (texte d'André Paiement) et joue le rôle de l'un des trois amis.

Au mois de novembre, il assure la direction de la page littéraire, «Le Carrefour des arts et du peuple», du journal étudiant *The Lambda/Le Lambda*.

À l'automne, il épouse Margaretha Spooner, de Sturgeon Falls, en la chapelle de l'Université de Sudbury.

1971 Il participe à la tournée du Nord de l'Ontario de la Troupe universitaire.

Il assume la direction du journal *Le Lambda* des étudiants de l'Université Laurentienne jusqu'à la fin de la session.

Au printemps, avec Claude Belcourt, il profite d'une

période de désorganisation totale du journal *The Lambda*, la section anglophone et dominante du journal étudiant, pour déclarer l'indépendance de la section francophone en fondant une nouvelle compagnie: Les Publications Réaction.

Au mois de mai, il accepte un emploi de journaliste et de vendeur d'encarts publicitaires au journal hebdomadaire *Le Voyageur* de Sudbury.

Naissance de son fils André.

À l'été, il prépare avec Claude Belcourt le premier numéro du magazine *Réaction*.

À la fin de l'été, il participe au projet familial de construire un chalet sur la rive nord du lac Clair, à Field, dans le Nord de l'Ontario.

1972 En septembre, il retourne aux études à l'Université Laurentienne avec la ferme intention de poursuivre une carrière littéraire.

Il sollicite l'aide du professeur Fernand Dorais pour organiser un atelier de création littéraire. M. Dorais accepte à la condition que l'atelier soit orienté vers la création d'un livre.

Gaston Tremblay devient le corédacteur du magazine *Réaction*. Il y publie un roman-feuilleton intitulé *Chez Germaine*.

1973 En janvier, il s'inscrit au cours «Miron le magnifique» donné par le professeur Robert Dickson. Le cours inclut un voyage à Montréal et une rencontre avec le poète. Il sera particulièrement impressionné par la personnalité publique de Miron, par le poète qui se fait à tour de rôle animateur, éditeur et crieur public.

Denis St-Jules et Gaston Tremblay, les corédacteurs du magazine *Réaction*, annulent le dernier numéro pour financer la publication du collectif de poésie *Lignes-Signes,* qu'ils ont écrit avec Jean Lalonde.

Gaston se joint à l'équipe qui organise le Congrès franco-parole, un congrès d'orientation politique organisé par les étudiants de l'Université Laurentienne; il accepte la responsabilité d'organiser le spectacle de fermeture, que Réjean Grenier baptise: «Une nuit sur l'étang».

Il participe à un récital de poésie à l'occasion de la première Nuit sur l'étang.

Denis St-Jules et Gaston Tremblay fondent les Éditions Prise de parole pour continuer le travail qu'ils ont entrepris dans l'atelier de poésie. Ils rédigent le texte suivant, dans lequel la maison d'édition annonce clairement ses couleurs: «La maison Prise de parole se veut animatrice des arts littéraires chez les francophones de l'Ontario; elle se met donc au service de tous les créateurs littéraires franco-ontariens.»

Au mois de juin, il devient l'animateur des étudiants de l'Université Laurentienne.

À l'été, Gaston Tremblay assure la permanence aux éditions. Il présente la première demande de subvention, se rend à Montréal pour rencontrer Gaston Miron une deuxième fois. À la première réunion du conseil d'administration, il est élu président et Claude Belcourt devient le premier éditeur.

Il organise et participe au récital *L'Avent de la poésie* le 15 décembre au Moulinet de Sudbury.

1974   En janvier, voyage en France et en Espagne en compagnie de Bernard Martineau, l'animateur de l'atelier de théâtre de l'Université Laurentienne. Un voyage qui leur fait voir Paris, le sud de la France et Madrid.

Il accepte un emploi d'animateur et superviseur de vingt-sept projets Perspective jeunesse dans le Nord de l'Ontario. Pendant deux étés (1974 et 1975), il sillonnera les routes du Grand Nord, ce qui lui donnera une connaissance particulière de cette région. Il quitte Sudbury pour étudier le théâtre au cégep Lionel-Groulx de Sainte-Thérèse (Québec). Pendant son stage à Sainte-Thérèse il complète le manuscrit de *En attendant*, son deuxième ouvrage de poésie.

1975   Au mois de mars, il s'absente de Sainte-Thérèse pour participer à un récital de poésie à la troisième Nuit sur l'étang.

Au printemps, il donne un récital de poésie à l'occasion d'un spectacle des Jeunesses littéraires du Québec à la Bibliothèque nationale du Québec.

À l'été, il récite des textes de poésie dans le cadre d'un spectacle de la Cuisine de la poésie à l'école Nolin de Sudbury.

De retour à Sudbury, il assume la direction administrative du Théâtre du Nouvel-Ontario.

Il convainc André Paiement d'adapter *Le Malade imaginaire* de Molière.

Une amie comédienne, Suzy Beauchemin, meurt dans un accident pendant une tournée du Théâtre du Nouvel-Ontario.

1976	Au printemps, son frère cadet, Jacques, meurt de la leucémie.
	En novembre, publication de *En attendant* aux Éditions Prise de parole.
	Il quitte Sudbury pour Montréal, où il écrit les premiers textes de *Souvenances*.
	Spectacle de poésie à Place aux Poètes, un événement de poésie hebdomadaire dirigé par Janou Saint-Denis à Montréal.
1977	De retour à Sudbury, il s'inscrit à l'Université Laurentienne pour compléter son baccalauréat en littérature et en commerce.
1978	Le 28 janvier, son ami d'enfance, André Paiement, meurt à Sudbury.
	En l'honneur d'André Paiement, il relance avec Michael Gallagher la Nuit sur l'étang.
	Le 30 mai, il devient directeur des Éditions Prise de parole.
	En juin, publication de *Souvenances* aux Éditions Prise de parole.
1980	Membre du jury du Festival national du livre.
1982	Il publie un article, «Genèse de l'édition francophone en Ontario», dans le numéro 4 de la *Revue du Nouvel-Ontario*.
	Il se joint à Marcel Vaillancourt pour organiser la Nuit sur l'Étang.
1983	Il publie un article, «Moé je viens de où», dans la revue *Liaison*.
1984	Membre du jury du programme d'aide aux maisons d'édition littéraires anglophones et francophones au Conseil des Arts du Manitoba.
	Il profite des vacances de Noël pour écrire le brouillon de la première version de *Souvenir de Daniel*.
	En juin, il termine la première version de *Souvenir de Daniel*.
	Il donne un récital de poésie à Moncton, au Nouveau-Brunswick.
1986	À la fin de l'été, il se retire au chalet du lac Clair pour terminer son nouveau recueil de poèmes.
	En décembre, publication de *La Veuve rouge* aux Éditions Prise de parole.
1988	Il publie un article, «Quand les chiffres parlent une langue inconnue des artistes», dans la revue *Liaison*.
	Il quitte le Nouvel-Ontario pour habiter Montréal.
	En août, voyage de ressourcement en France.

1989	Il devient directeur administratif du théâtre La Veillée à Montréal.
1990	On lui demande de siéger au jury du programme d'aide aux éditeurs du Conseil des Arts du Canada.
	Il obtient un diplôme spécialisé de deuxième cycle de gestion des organismes culturels (DESGOC) aux Hautes Études commerciales de Montréal.
	Il accepte le poste de directeur général de l'Agora de la Danse à Montréal.
1993	Il occupe le poste de Directeur général du Monument-National.
1994	À l'été, il profite d'un séjour au chalet familial du lac Clair pour écrire une nouvelle version de *Souvenir de Daniel*.
1995	En septembre, parution de *Souvenir de Daniel* aux Éditions du Nordir.
1996	Les six premiers mois sont entièrement consacrés à une session d'écriture intensive pour rédiger un essai sur l'histoire du Grand CANO.
	Son objectif étant de devenir romancier, il décide de retourner aux études pour combler les lacunes de sa connaissance du français écrit, qu'il accuse depuis ses études secondaires.
	Lancement à la Bibliothèque nationale du Québec de *Prendre la parole. Le Journal de bord du Grand Cano*, un mouvement artistique qui lança la littérature, le théâtre et la musique franco-ontarienne, publié aux Éditions du Nordir.
1997	Il obtient un certificat en français écrit de l'Université du Québec à Montréal.
1999	Il obtient une maîtrise en création littéraire de l'Université du Québec à Montréal.
2000	En septembre, son roman *Le Nickel Strange* paraît aux Éditions Trait d'union à Montréal.
2001	Au printemps, publication de *L'Autobus de la pluie*, une réédition de ses premiers poèmes, aux Éditions Prise de parole.

Bibliographie

Publications

Apprentissage dans *Lignes-Signes*, collectif de poésie, Sudbury, Prise
de parole, 1973.

En attendant, poésie, Sudbury, Prise de parole, 1976.

Souvenances, poésie, Sudbury, Prise de parole, 1979.

La Veuve rouge, poésie, Sudbury, Prise de parole, 1986.

Souvenir de Daniel, nouvelle, Hearst (Ontario), Le Nordir, 1995.

Prendre la parole. Le journal de bord du grand CANO, essai, Hearst
(Ontario), Le Nordir, 1996.

Le Nickel Strange, roman, Montréal, Trait d'union, 2000.

Autres publications

«Le matin de ton souvenir», poème dans *Au nord du silence*,
collectif de poésie, Sudbury, Prise de parole, 1975, p. 12.

«Genèse d'éditions francophones en Ontario», *Revue du Nouvel-
Ontario*, no 4, Littérature sudburoise: Prise de parole
1972-1982, Sudbury, Institut franco-ontarien, 1982, p. 1-20.

«Moé je viens de où», *Liaison*, no 27 (été 1983), p. 12-17.

«Quand les chiffres parlent une langue inconnue des artistes»,
Liaison, no 46 (mars 1988), p. 17-19.

«Les portes de l'enfer. L'Œuvre de chair et d'esprit», *Mémoire de
maîtrise*, Université du Québec à Montréal, 1999.

«Rite de passage», *Liaison*, no 102 (mai 1999), p. 20-21.

«Dimanche après-midi», *Liaison*, no 107 (été 2000), p. 7.

Comptes rendus

Labelle, Marc, «Les franco-Ontariens prennent la parole…», *Le livre
d'ici*, vol. 2, no 22, 3 mars 1977.

Beaulieu, Michel, «Quelques poètes d'outre-frontières», *Le Nord*,
27 juin 1979, p. 11.

«Nouveau volume à Prise de parole», *Le Voyageur*, 27 juin 1979.

Gay, Paul, «De la riche poésie de Gaston Tremblay à la poésie
toute fraîche des jeunes», *Le Droit*, 29 décembre 1979,
p. 14.

Moisan, Clément, «Alexandre Amprimoz: *10/11*; Gaston Tremblay:
Souvenances; Patrice Desbiens: *L'espace qui reste*», *Livres et
auteurs québécois*, 1979, p. 92-94.

Bourassa, André-Gilles, «Prendre la parole pour se faire connaître»
Liaison, nos 5-6, mai 1979.

Trudel, Clément, «Une "Prise de parole" ontarienne», *Le Devoir*, 13 décembre 1979, p. 20.

Maltais, Murray, «Gaston Tremblay éditeur et... poète», *Le Droit*, 9 février 1980, p. 19.

Giguère, Richard, «Prise de parole», *Lettres québécoises*, no 17, printemps 1980, p. 31-32.

Bourassa, André, «Parole donnée aux Éditions Prise de parole» *Lettres québécoises*, no 17, printemps 1980, p. 83-84.

Geoffroy, Alain, «Les souvenances de Gaston Tremblay», *La Rotonde*, 6 novembre 1980, p. 6.

Martin, Peter, «Prise de parole, Almost a miracle», *Northern Life*, 29 octobre 1983, The Weekender, p. 3.

Lemelin, Pierre, «J'ai lu les poèmes de Gaston», *Le Nouvel-Ontarien*, 20 mars 1987.

de Gonzague, Louise, «La Veuve rouge», *Nos livres*, 18, juin-juilllet 1987, no 7079.

Benson, Mark, «Amours perdus», *Canadian Literature*, no 117, Summer 1988, Books in review, p. 169-171.

Lord, Michel, «Le (dé)voilement de la douleur», *Lettres québécoises*, no 81, printemps 1996, p. 32.

Migneault, Benoît, «Comme une tonne de briques», Attitude MTL, 16 octobre 1995, p. 16.

Salducci, Pierre, «Souvenirs de Daniel», *L'Intégral*, vol. 5, no 1, automne 1997, p. 46.

L'Express, «Un précis de culture franco-ontarienne», *L'Express*, 17 septembre 1996, Rubrique «Livres».

Hare, John, «Franco-Ontarians have established literary strength», *Ottawa Citizen*, 17 novembre 1996, p. C10.

Breton, Patrick, «Gaston Tremblay prend la parole pour raconter l'histoire du Grand Cano», *Le Voyageur*, 27 novembre 1996, p. 1.

Bélanger, Georges, «Entre la ligne et le signe: une prise de parole», *Liaison*, novembre 1996, p. 26.

Gauthier, Stéphane, «Les crêtes et les creux d'un journal de bord», *L'orignal déchaîné*, décembre 1996.

Lepage, Jocelyne, «Frais lus, frais sortis ou à paraître», *La Presse*, 8 octobre 2000, p. B3.

Archambault, Luc, «L'Intoxication au nickel», *Nuits de Montréal*, Livres, 11 novembre 2000, publication à l'Internet.

St-Pierre, Philippe, «Place Dynamique Jack», *Le Voyageur*, 24 janvier 2001, p. 7

Sylvestre, Paul-François, «Le Nickel Strange ou l'étrange roman de Gaston Tremblay», *L'Express*, p. 9.

Sylvestre, Paul-François, «Quand le poète décide de s'investir ailleurs», *L'Express*, 19 décembre 2000, p. 9.

Sylvestre, Paul-François, «Récit poétique d'une grande authenticité», *Liaison*, no 84, novembre 1995, p. 37.

Péan, Stanley, «De bons filons», *La Presse*, 17 décembre 2000, p. B2.

Simard, Nicol, «Gaston Tremblay se rappelle le Sudbury de sa jeunesse», *Le Métropolitain*, 29 novembre 2000, p. 5.

Table des matières

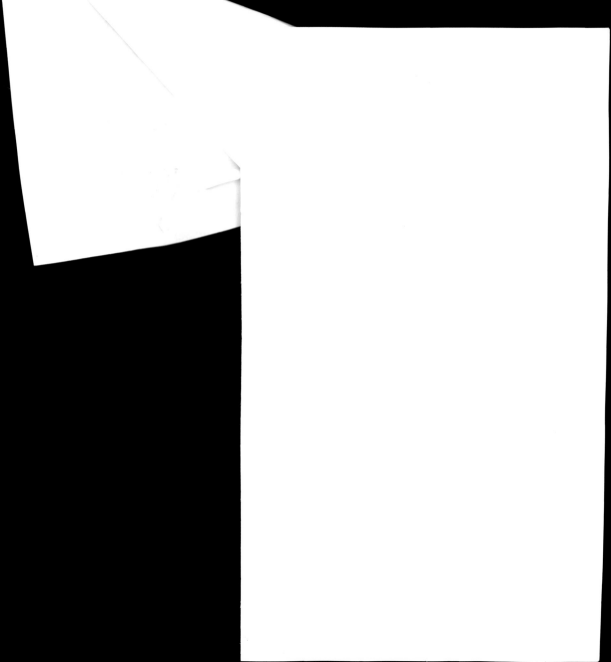

Achevé d'imprimer
en mars deux mille un, sur les presses
de l'Imprimerie Gauvin, Hull, Québec